clara

Kurze lateinische Texte
Herausgegeben von Hubert Müller

Heft 6

Hyginus, Fabulae – Faszination Mythos

Bearbeitet von Roland Frölich und Giselher Künzel

Mit 13 Abbildungen und 1 Karte

Vandenhoeck & Ruprecht

ISBN 978-3-525-71705-9
3. Auflage

© 2016, 2013, 2009, 2003, Vandenhoeck & Ruprecht GmbH & Co. KG, Göttingen /
Vandenhoeck & Ruprecht LLC, Bristol, CT, U.S.A. / www.v-r.de
Das Werk und seine Teile sind urheberrechtlich geschützt. Jede Verwertung in anderen
als den gesetzlich zugelassenen Fällen bedarf der vorherigen schriftlichen Einwilligung des
Verlages. Printed in Germany.
Gestaltung: Markus Eidt, Göttingen
Satz und Lithos: Dörlemann Satz, Lemförde
Druck und Bindung: ⊕ Hubert & Co, Göttingen

Gedruckt auf chlorfrei gebleichtem Papier.

Abbildungsnachweis: S. 7, 15, 37: H. Widmer; S. 9, 39: AKG, Berlin; S. 10: Staatsbibliothek
Bamberg; S. 13; Ovidii Metamorphosis oder Verwandlungsbücher, Wien 1641 (Privatbesitz);
S. 21: J. Schweigert; S. 25: Kartographisches Büro M. Hermes, Göttingen; S. 29: S. Danecki;
S. 31: U. Gießmann-Bindewald; S. 33: Fotoarchiv Hirmer, München; S. 35: Kunstsammlungen
der Ruhr-Universität Bochum.

Inhalt

Liebe Schülerin, lieber Schüler 4

Der Mensch im Mythos: gestern und heute 4

Themenkreis 1: Wehe dem, der die Götter nicht achtet 6
1 Helfer der Menschheit – Prometheus 6
2 Verrat – Tantalus 8
3 Das Schicksal einer Mutter – Niobe 12

Themenkreis 2: Tödliche Missverständnisse 14
1 Ein Sohn auf der Suche – Oedipus 14
2 Wein, Hirten und das Firmament – Icarius et Erigone 18
3 Heimkehr eines Sohnes – Theseus 20

Themenkreis 3: Verbotene Liebe 22
1 Aufgeflogen – Venus und Mars 22
2 Späte Belohnung – Io 24
3 Ein verhängnisvoller Wurf – Danaë 26

Themenkreis 4: Zwanzig lange Jahre: Odysseus in der Fremde 28
1 Wahnsinn als Maske 28
2 Das Trojanische Pferd 30
3 »Hilfe, Niemand blendet mich!« – Odysseus bei Polyphem .. 32
4 Lässt sich Odysseus »bezirzen«? – Odysseus und Kirke 36
5 Gefährliche Verlockung – Der Gesang der Sirenen
  Tödliches Dilemma – Zwischen Skylla und Charybdis 38
6 Heimkehr und Rache 40

Ich und der Mythos 42

Projektideen 43

Lernwortschatz 45

Liebe Schülerin, lieber Schüler!

Das vorliegende clara-Heft soll in die Lektüre lateinischer Originaltexte einführen. Hierzu wurden Texte aus **Hygins Fabulae** sprachlich, grammatikalisch und inhaltlich aufbereitet. Außerdem findest du in dem Heft:

- eine Einführung in die Mythologie,
- einen Lernwortschatz und
- Projektideen.

Alle Kapitel gleichen sich in ihrem Aufbau. Auf zwei bzw. vier Seiten finden sich jeweils

- (zum Teil etwas gekürzte) Originaltexte, die bestimmten Themenkreisen zugeordnet sind,
- Zusatztexte, die in die Thematik einführen oder Sachinformationen geben,
- Bilder, die zur Textannäherung, Erläuterung, aber auch zur Interpretation gedacht sind,
- Aufgaben und Fragen, die in die Interpretationstechniken einführen (Themenkreis 1) oder diese vertiefen und ergänzen (Themenkreise 2–4).

Zuweilen treten Paralleltexte griechischer, aber auch moderner Autoren hinzu, um die Rezeptionsgeschichte der ausgewählten Mythen und deren Wirkung aufzuzeigen.
Um die Übersetzungsarbeit zu erleichtern, sind längere Sätze nach Sinneinheiten gesetzt. Darüber hinaus werden in der rechten Spalte die Wörter angegeben, die in den Lehrbüchern *Lumina* oder in *Latinum, Ausgabe B*, nicht vorkommen. Wörter aus dem Grund- und Aufbauwortschatz sind dabei rot hervorgehoben. Sie sind als Lernvokabeln gedacht und am Ende des Heftes noch einmal alphabetisch zusammengestellt.
Die Fragen und Arbeitsaufträge helfen, die Texte zu erschließen und zu verstehen. Hierbei können die Grammatik- und Interpretationsaufgaben sowohl vor (z.B. zur (Vor-)Erschließung eines Textes) als auch nach der Übersetzungsarbeit (z.B. zur inhaltlichen Auswertung/Interpretation oder Ergänzung/Vertiefung der Grammatikkenntnisse) eingesetzt werden. In welcher Reihenfolge die Aufgaben und Fragen bearbeitet werden, bleibt dem Lehrer/der Lehrerin überlassen. Die Nummerierung dient lediglich der Übersicht.

Der Mensch im Mythos: gestern und heute

Seit dem Jahr 2002 gibt es zum ersten Mal seit der Römerzeit wieder eine gemeinsame Währung in Europa: den Euro. Für den Namen »Europa« und alle davon abgeleiteten Wörter hat ein junges Mädchen Patin gestanden: die schöne Königstochter

Europa, die einst vom Göttervater Zeus in der Gestalt eines Stieres entführt und auf die Insel Kreta gebracht wurde. Dort wurde sie zur Stammmutter eines neuen Herrschergeschlechts. Für jemanden, dem es um Hintergrundwissen über alltägliche Dinge geht, mag derlei interessant sein, aber – was geht mich der Mythos an?
Werfen wir zuerst einen Blick auf das Volk, dem wir diese schier unglaubliche Vielzahl von Sagen verdanken: auf die alten Griechen. Was bedeutete diesen ihr Mythos? Kurz gesagt: Sie fanden *sich selbst* in ihm wieder.
Der Mythos entstand in einer Zeit, in der es noch keine Naturwissenschaften, keine Psychologie und keine Geschichtsschreibung in unserem Sinne gab. Auch damals versuchten die Menschen, sich sowohl die Welt und ihren Ursprung als auch den Menschen und sein Verhalten zu erklären. Sie fanden solche Erklärungen in Erzählungen, in denen grundsätzliche menschliche Erfahrungen und Verhaltensweisen spannend und anschaulich geschildert werden. Diese Erzählungen entstanden beim einfachen Volk, bei Hirten, Bauern und Seeleuten, und wurden lange Zeit nur mündlich überliefert. Es begegnen dort Persönlichkeiten, die sich im Bewusstsein der eigenen Fähigkeiten gegen höhere Mächte auflehnen, Menschen, die in übergroßem Glück und Erfolg die eigenen Grenzen vergessen und scheitern, Menschen, die trotz bester Absichten und höchstem Einsatz einem schweren Schicksal nicht entgehen, Menschen, die den Verlockungen der Liebe erliegen, auch wenn diese nicht erlaubt ist, Menschen, die heimatlos durch die Welt irren und stets das Bild der Heimat schmerzlich vor Augen haben. Auch heute fällt wohl jedem zu diesen Themen das eine oder andere Beispiel aus der eigenen Erfahrung ein. Und nicht zufällig ist bisher so häufig das Wort »Mensch« verwendet worden. Die Griechen fanden in ihren Mythen Muster menschlichen Handelns, an denen sie ihre eigenen Erfahrungen messen konnten, zumal sie sich auch ihre Götter mit ganz menschlichen Eigenschaften vorstellten.
Das erste Volk Europas außerhalb Griechenlands, das sich für diese Mythen begeisterte, waren die Römer, die selbst keine solche Sagenwelt besaßen. Obwohl die römischen Schriftsteller diese Sagen nicht selbst geschaffen hatten, erzählten sie sie in ihrer Sprache und gaben sie weiter; so blieben die Sagen über die Antike hinaus lebendig, auch in Zeiten, in denen in Europa kaum jemand Griechisch beherrschte und griechische Literatur im Original lesen konnte. Denn da Latein bis in die Neuzeit hinein die Sprache der Gebildeten blieb, blieben auch die griechischen Sagen in lateinischer Fassung im Bewusstsein der Menschen. Später wurden die Sagen der Antike auch in den Kulturen moderner Völker heimisch. Bis in die allerneueste Gegenwart greifen Literatur, Theater, Kunst, Musik, Film, ja sogar eine Wissenschaft wie die Informatik auf Gestalten des Mythos zurück.
Die Texte dieses Heftes stammen wahrscheinlich aus dem 2. Jahrhundert n. Chr. und werden einem Autor namens Hyginus zugeschrieben. Ob der Verfasser wirklich so hieß, ist ungewiss. Dafür ist der Zweck des Buches gut erkennbar: Es diente dazu, in einfacher Sprache einen raschen Überblick über die wichtigsten Mythen zu geben, war also eine Art Nachschlagewerk. Der lateinische Ausdruck für »Sage« oder »Mythos« lautet *fabula*.

Wehe dem, der die Götter nicht achtet

1 Helfer der Menschheit – Prometheus

Prometheus galt bei den Griechen und Römern als Inbegriff des kühnen Kämpfers und Rebellen gegen die Herrschaft des Zeus (röm.: Iuppiter). So schuf er der Sage nach die Menschen und half ihnen, wo immer er konnte:

Homines antea ab immortalibus ignem petebant
neque in perpetuum servare sciebant;
quod postea Prometheus in ferula detulit in terras
hominibusque monstravit,
5 quomodo cinere obrutum servarent.

Ob hanc rem Mercurius Iovis iussu deligavit eum
in monte Caucaso ad saxum clavis ferreis
et aquilam apposuit,
quae cor eius exesset;
10 quantum die ederat,
tantum nocte crescebat.
Hanc aquilam post XXX annos Hercules interfecit
eumque liberavit.

anteā: vorher, früher
perpetuus: beständig
in perpetuum: für immer
quod: *hier*: daraufhin
ferula: hohler Pflanzenstängel
quōmodo: wie, auf welche Weise
cinis, cineris *m.*: Asche
obruere, ruī, rutum: bedecken
ob + *Akk.*: wegen
Mercurius: *der Götterbote*
Iuppiter, Iovis *m.*: Jupiter
iussū: auf Befehl
dēligāre: anbinden
Caucasus: der Kaukasus *(Gebirge)*
saxum: Fels
clāvus: Nagel
ferreus: eisern
aquila: Adler
appōnere, posuī, positum: hinsetzen
exedere: aufzehren; exēsset: *hier* = exederet
quantum: wie viel
edere, ēdī, ēsum: essen
tantum: so viel
XXX: 30 000
interficere, iō, fēcī, fectum: töten

1 Welche Funktionen haben die beiden Tempora Imperfekt und Perfekt im Lateinischen? Informiere dich in deiner Grammatik.

2 (a) Übertrage die Tabelle in dein Heft und ergänze sie aus dem Text.

Handlungsträger	___	___	___	___
Zeile	___	___	___	___
Konnektor	___	___	___	___
Tempus	___	___	___	___

Wehe dem, der die Götter nicht achtet

2 (b) Gliedere den Text unter Verwendung von Aufgabe 2 (a) und formuliere eine Überschrift für jeden Abschnitt.

3 (a) Weshalb verhängt Iuppiter eine so schwere Strafe? – (b) Hältst du diese Strafe für angemessen?

4 Vergleiche die Textaussagen mit dem Bild.

»Prometheus«. Skulptur von Paul Manship, 1934. New York, Rockefeller Plaza

2 Verrat – Tantalus

Tantalus,
Iovis et Plutonis filius,
procreavit ex Dione Pelopem.
Iuppiter Tantalo concredere sua consilia solitus erat
5 et ad epulum deorum admittere,
quae Tantalus ad homines renuntiavit.
Cum Pelops – Tantali et Diones filius –
in epulis deorum a Tantalo caesus esset,
bracchium eius Ceres consumpsit.

10 Ob id dicitur ad inferos in aqua media
fine corporis stare semperque sitire
et,
cum haustum aquae vult sumere,
aquam recedere.
15 Item poma ei super caput pendent;
quae cum vult sumere,
rami vento moti recedunt.
Item saxum super caput eius ingens pendet,
quod semper timet,
20 ne super se ruat.

Plūtō, ōnis *f.*: *eine der Titaninnen*
prōcreāre ex: *zeugen mit*
Diōnē, ēs *f.*
Pelops, opis *m.*
concrēdere: *anvertrauen*
solēre, solitus sum: *pflegen, gewohnt sein*
epulum: *Mahlzeit*
admittere, mīsī, missum: *zulassen, hinzuziehen*
renūntiāre: *melden*
bracchium: *Arm*
Cerēs, eris *f.*: *Göttin des Ackerbaus*
cōnsūmere, sūmpsī, sūmptum: *verzehren*

Hygin berichtet an anderer Stelle, dass Tantalus seinen eigenen Sohn den Göttern zum Mahl vorgesetzt hat, um diese auf die Probe zu stellen.

zum N.c.i. s. Informationstext
īnferī, ōrum *m.*: *Götter der Unterwelt, Unterwelt*
sitīre: *Durst haben*
et: *erg.* dīcunt
haustus, ūs *m.*: *Schluck*
sūmere, sūmpsī, sūmptum: *nehmen*
item: *ebenso*
pōmum: *Frucht*
super + *Akk.*: *über*
pendēre, pependī: *hängen*
rāmus: *Zweig*
ventus: *Wind*

ruere, ruī, rutum: *stürzen*

Wehe dem, der die Götter nicht achtet

Unterwelt

Nach antiker Vorstellung mussten die Toten unter Führung des Götterboten Hermes in die Unterwelt hinabsteigen. Diese dachte man sich von verschiedenen Strömen umflossen, z. B. von Lethe, Acheron und Styx. Über diese beförderte sie der Fährmann Charon für eine kleine Münze Fährlohn. Daher findet man in antiken Gräbern oft ein Geldstück im Mund des Toten.

Am Eingang der Unterwelt wachte der dreiköpfige Hund Cerberus darüber, dass keiner der Eingelassenen die Unterwelt wieder verließ. Dort existierten die Toten als körperlose Schatten weiter (vgl. auch unseren Ausdruck »Schattendasein«). Drei Totenrichter, Minos, Rhadamanthys und Aiakos, hielten über die Seelen Gericht. Die Schatten der frommen und gütigen Menschen durften im Elysium, einer freundlichen Landschaft mit heiterem Himmel, in ewiger Glückseligkeit weiterleben. Den Frevlern wie Tantalus dagegen waren schwere Strafen zugedacht.

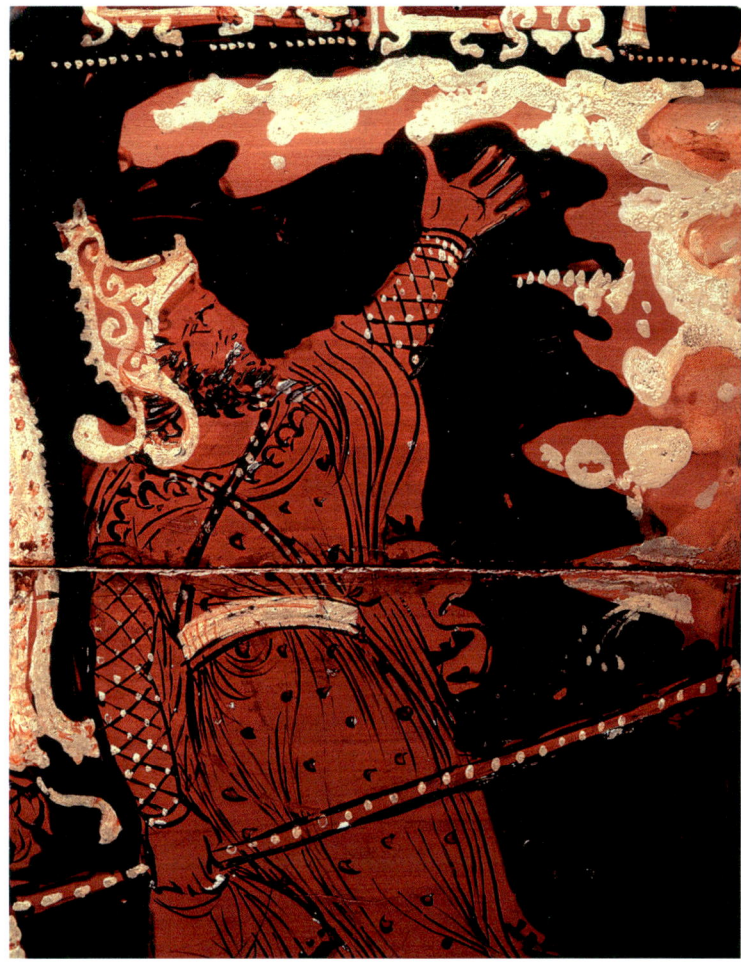

Die Qualen des Tantalus, dargestellt auf einem griechischen Krug, um 330 v. Chr.

Wehe dem, der die Götter nicht achtet

Johann Baptist Mayrhofer (1787–1836) verfasste folgendes von Franz Schubert (1797–1828) im Jahre 1817 vertonte Gedicht:

1 Der Nachen dröhnt, Cypressen flüstern,
Horch, Geister reden schaurig drein;
Bald werd' ich am Gestad', dem düstern,
Weit von der schönen Erde sein.

5 Da leuchten Sonne nicht, noch Sterne,
Da tönt kein Lied, da ist kein Freund.
Empfang die letzte Träne, o Ferne,
Die dieses müde Auge weint.

Schon schau' ich die blassen Danaiden,
10 den fluchbeladenen Tantalus;
Es murmelt todesschwangern Frieden,
Vergessenheit, dein alter Fluss.

Vergessen nenn' ich zwiefach Sterben,
Was ich mit höchster Kraft gewann,
15 Verlieren, wieder es erwerben –
Wann enden diese Qualen? Wann?

Darstellung des Tartarus auf einem Holzschnitt des 16. Jahrhunderts

N.c.i. (nominativus cum infinitivo)

A.c.i.: Homerum caecum (caecus, a, um: blind) fuisse dicunt – Sie sagen/Man sagt, dass Homer blind gewesen sei.
Setzt man diesen Satz ins Passiv, so wird *Homerus* Subjekt:
N.c.i.: Homerus caecus fuisse dicitur: Von/Über Homer wird gesagt, dass er blind gewesen sei; man sagt, dass Homer blind gewesen sei.
Der N.c.i. steht z. B. bei: dicitur: man sagt; fertur: man berichtet; putatur: man glaubt; traditur: man berichtet/es wird überliefert

Was heißt dann: … <Tantalus> dicitur … in aqua media … stare semperque sitire …?

1 Gliedsätze werden immer durch eine Konjunktion wie z. B. *cum* oder *ne*, ein Relativpronomen oder ein Fragewort eingeleitet und haben mindestens ein Prädikat. Notiere in einer Liste die im Text vorkommenden Einleitungswörter mit ihrer deutschen Bedeutung. Ergänze diese Liste im weiteren Verlauf der Unterrichtsreihe.

2 Gliedere den Text und formuliere für jeden Abschnitt eine Überschrift. Begründe deine Entscheidungen. Tipp: Suche zunächst die gliedernden Konnektoren.

3 (a) Weshalb galt Tantalus in der Antike als der »Frevler/Schurke« schlechthin, der für sein Handeln von den Göttern unbarmherzig bestraft wurde? Beziehe auch die im Rahmen der Wortangaben gegebenen Zusatzinformationen in deine Überlegungen mit ein und belege deine Antworten mit lateinischen Zitaten. – (b) Wird Tantalus zu Recht »Frevler/Schurke« genannt? Hältst du seine Strafen für angemessen? Begründe deine Antworten. – (c) Was sollten die Menschen der Antike aus diesem Mythos lernen? Was können wir heute vom Schicksal des Tantalus lernen?

4 (a) Suche im Text die Stilfigur der Alliteration (Betonung mehrerer Worte durch gleiche Anfangsbuchstaben), der Antithese (Gegenüberstellung gegensätzlicher Begriffe und Gedanken), des Hyperbatons (Trennung zweier grammatikalisch zusammengehörender Wörter, z. B. eines Adjektivs von einem Substantiv) und der Wortwiederholung. – (b) Setze die Stilfiguren in Beziehung zum Inhalt und beschreibe ihre Wirkung.
(Tipp: Besorge dir für weitere Interpretationsaufgaben eine Zusammenstellung von Stilmitteln samt Erklärungen.)

5 Wie wird der Tantalus-Mythos im Gedicht von Mayrhofer verwendet?

3 Das Schicksal einer Mutter – Niobe

Die Familien der Niobe bzw. der Diana und des Apollo

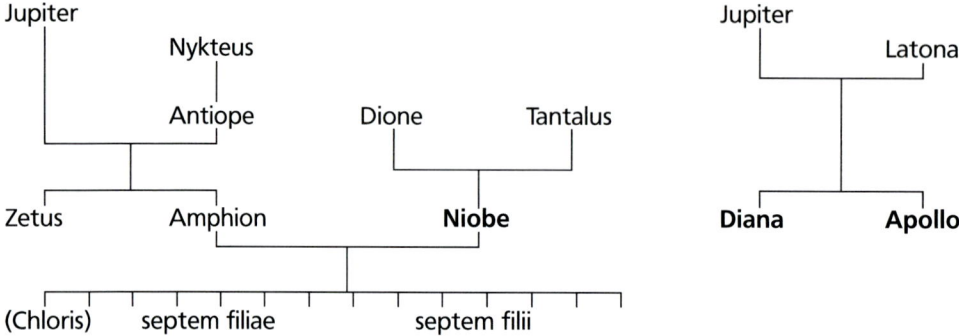

Wie Tantalus, so gerät auch seine Tochter in Konflikt mit den Göttern:

Amphion in coniugium Niobam,
Tantali et Diones filiam,
accepit,
ex qua procreavit liberos septem totidemque filias.

5 Quem partum Niobe Latonae anteposuit
superbiusque locuta est in Apollinem et Dianam,
quod illa cincta viri cultu esset
et Apollo veste deorsum atque crinitus,
et se numero filiorum Latonam superare.

10 Ob id Apollo filios eius in silva venantes
sagittis interfecit
et Diana filias in regia sagittis interemit
praeter Chloridem.

Amphīōn, onis *m.*: *König von Theben*
coniugium: *Ehe*
fīlia: *Tochter*
prōcreāre ex: *zeugen mit*
līberī, ōrum: *Kinder,* hier: *Söhne*
septem: *sieben*
totidem: *ebenso viele*
partus, ūs *m.*: *Kinderschar*
Lātōna: *s. Stammbaum; Göttin*
antepōnere, posuī, positum: *voranstellen, vorziehen;* hier: *vor Augen halten um anzugeben*
superbus: *stolz, hochmütig*
Apollō, inis *m.*: *s. Stammbaum; Gott des Lichts, der Heilkunde, der Musik*
Diāna: *s. Stammbaum; Göttin der Jagd*
cingere, cinxī, cinctum: *gürten, umgeben*
cincta cultū virī: *gegürtet wie ein Mann*
vestis, is *f.*: *Gewand*
veste deorsum (*erg.* cinctus): *mit einem herabhängenden Gewand bekleidet*
crīnītus: *langhaarig*
filiōrum: hier = līberōrum
vēnārī: *jagen*
sagitta: *Pfeil*
rēgia: *Königsburg, Residenz*
interimere, ēmī: *töten*
Chlōris, idis *f.*: *s. Stammbaum*

Wehe dem, der die Götter nicht achtet

At genetrix liberis orba
15 flendo lapidea facta esse dicitur in monte Sipylo,
eiusque hodie lacrimae manare dicuntur.
Amphion autem
cum templum Apollinis expugnare vellet,
ab Apolline sagittis est interfectus.

genetrīx, trīcis *f.*: Mutter
orbus + *Abl.*: beraubt
flēre, flēvī, flētum: weinen
lapideus: aus Stein
Sipylus: *Gebirge in Lydien*
mānāre: fließen, rinnen
templum: Tempel

Kupferstich von Johann Wilhelm Baur zur Illustration des Niobe-Mythos in: Ovidii Metamorphosis oder Verwandlungsbücher, Wien 1641

1 Bestimme folgende Formen: superbius (Zeile 5), venantes (Zeile 9), flendo (Zeile 12).

2 Gruppenarbeit (mindestens drei Schüler/-innen sollen jeweils zusammenarbeiten):
Interpretiert den Text in einem kleinen Aufsatz. Dieser sollte folgende Elemente enthalten: Einleitender Satz – Gliederung mit Überschriften für jeden Textabschnitt – Ereignisse im Leben Niobes (mit lateinischen Zitaten) – Diskussion der Schuldfrage und Bewertung der Reaktion von Latonas Kindern. Präsentiert eure Arbeitsergebnisse am Ende der Gruppenarbeit in der Klasse.

1 Ein Sohn auf der Suche – Oedipus

Dem Thebanerkönig Laios war prophezeit, sein eigener Sohn werde ihn umbringen. Als sein Sohn Oedipus geboren war, setzte er ihn deshalb aus. Das Kind wurde jedoch von Hirten gefunden und zu Polybos, dem König von Korinth, und seiner Gattin Periboea gebracht. – Als Oedipus viele Jahre später erfährt, er sei gar nicht der Sohn des Königspaares, will er sich beim Orakel in Delphi Klarheit über seine Herkunft verschaffen. Er weiß nicht, dass sich gleichzeitig auch sein leiblicher Vater Laios auf dem Weg nach Delphi befindet.

Interim Laio in prodigiis ostendebatur
mortem ei adesse de nati manu.
Idem cum Delphos iret,
obviam ei Oedipus venit;
5 quem satellites cum viam regi dari iuberent,
neglexit.
Rex equos immisit et rota pedem eius oppressit;
Oedipus iratus inscius
patrem suum de curru detraxit et occidit.
10 Laio occiso Creon, Menoecei filius,
regnum occupavit.

interim: inzwischen
prōdigium: Vorzeichen
ostendere, ostendī, ostentum: zeigen
adesse: *hier*: bevorstehen
nātus: Sohn
Delphī, ōrum *m.*: *Stadt am Fuße des Parnass mit berühmtem Apollon-Heiligtum*
obviam: entgegen
satelles, itis *m.*: Leibwächter
neglegere, lēxī, lēctum: vernachlässigen, unbeachtet lassen
immittere, mīsī: antreiben
rota: Rad
īnscius: unwissend
currus, ūs *m.*: Wagen
dētrahere, trāxī, tractum: herabziehen
occīdere, cīdī, cīsum: töten

Nach einiger Zeit wird das Land der Thebaner von einer geheimnisvollen Sphinx heimgesucht. Erst das Lösen eines Rätsels werde Theben retten, so weissagt das Orakel.

Rex re audita per Graeciam edixit,
qui Sphingae carmen solvisset,
regnum se et Iocasten sororem
ei in coniugium daturum.
15 Cum plures regni cupidine venissent
et a Sphinge essent consumpti,
Oedipus, Lai filius, venit
et carmen est interpretatus;
20 illa se praecipitavit.

rēx: *gemeint ist* Creōn
Sphinga, ae *f.* = Sphinx, ingis *f.*: *Fabelwesen*
carmen, inis *n.*: *hier*: Rätsel
Iocastēn: *griech. Akk. zu* Iocastē, ēs *f.*: *Witwe des Laios*
soror, ōris *f.*: Schwester
coniugium: Ehe
datūrum: *erg.* esse
cupīdō, inis *f.*: Begierde, Gier
Lāī = Lāiī
interpretārī: deuten
praecipitāre: sich kopfüber hinabstürzen

Tödliche Missverständnisse

Oedipus regnum paternum
et Iocasten matrem inscius accepit uxorem,
ex qua procreavit Eteoclen et Polynicen,
Antigonam et Ismenen.

25 Interim Thebis sterilitas frugum
et penuria incidit ob Oedipodis scelera.

paternus: väterlich
uxor, ōris *f.*: Gattin, Ehefrau
prōcreāre ex: zeugen mit
Eteoclēn: *Akk. Sg. zu* Eteoclēs, is *m.*
Polynīcēn: *Akk. Sg. zu* Polynīcēs, is *m.*
Ismēnēn: *Akk. Sg. zu* Ismēnē, ēs *f.*
Thēbae, ārum: Theben
sterilitās frūgum: Missernte
pēnūria: Mangel, Not
incidere, cidī: sich ereignen

Schließlich wird Oedipus offenbart, dass er der Sohn des Laios ist.

Oedipus re audita
postquam vidit se tot scelera nefaria fecisse,
ex veste matris fibulas detraxit
30 et se luminibus privavit
regnumque filiis suis alternis annis tradidit
et a Thebis Antigona filia duce profugit.

tot: so viele
nefārius: frevelhaft
fībula: Spange
lūmen, inis *n.*: Licht, Augenlicht
prīvāre + *Abl.*: berauben
alternus: abwechselnd
profugere, iō, fūgī: entfliehen

Das Rätsel der Sphinx:
»Wer geht morgens auf vier, mittags auf zwei und abends auf drei Beinen?«

Oedipus und die Sphinx. Vasenabbildung,
ca. 475 v. Chr. Museo Gregoriano, Vatikan, Rom

Tödliche Missverständnisse

Der griechische Dichter **Sophokles** (~ 496–406 v. Chr.) verfasste die Tragödie »König Oedipus«. Im ersten Akt lässt Sophokles den greisen Seher Teiresias diese Worte zu Oedipus sprechen:

»Du bist der Herrscher, doch auf gleichem Rang
Steht meine Rede, eines Fürsten Wort,
410 Der nur Apollon dienstbar ist, nicht dir
Und der auch Kreons Beistand nicht bedarf.
So höre wohl: Du höhnst den blinden Mann
Und stehst im Licht – und schaust das Dunkel nicht,
Das dich umfängt und anderen gesellt,
415 Weißt nicht, woher du stammst, wie sehr du Feind
Der Eltern drunten und im obern Reich;
Wie deine Mutter, deines Vaters Fluch
Als schwere Doppelgeißel dich verjagt
Vom hellen Licht ins Reich der finstern Nacht;
420 Wie jeder Strand und jede Felsenschlucht
Sich bald erfüllt mit deinem Wehgeschrei,
Wenn du dein stolzes Ziel, den Ehebund,
Als Unglücksziel der Fahrt begreifen wirst;
Und wie viel Unheil wirst du nicht gewahr,
425 Das dich und deine Kinder schlimm vereint!
Beschimpfe Kreon und mein Seherwort
Nur immerzu! Es lebt kein Sterblicher,
Der grauenvoller untergeht als du.«

Als Oedipus empört auf die Worte des Sehers reagiert, fügt dieser hinzu:

»Doch end ich meinen Spruch und fürchte nicht
Dein Antlitz, das mich nicht verderben kann.
Vernimm: Der Mörder jenes Laios,
450 Der Mann, den du bedrohst und laut verfluchst
Und greifen willst, er weilt in dieser Stadt.
Er gilt als Fremder und erweist sich bald
Als echter Bürger, aber wenig Glück
Bringt die Entdeckung: Sehender wird blind,
455 Der reiche Mann wird arm, sein Bettelstab
Ertastet sich den Weg durchs fremde Land.
Und seinen Kindern offenbart er sich
Als Bruder wie als Vater, seinem Weib
Als Sohn und Gatte, seinem Vater als
460 Der Erbe seines Betts und Mörder. Geh
Hinein und wenn dein Geist mich Lügen straft,
Dann sage, dass ich nie Seher war.«

Sophokles, »König Oedipus«, vv. 408–428 und 447–462; zitiert nach der Übersetzung von Ernst Buschor, Reclam-Verlag, Stuttgart 1982.

Tödliche Missverständnisse

Friedrich Dürrenmatt (1921–1990) beginnt seine Erzählung **»Das Sterben der Pythia«**[1] wie folgt:

»Die delphische Priesterin Pannychis XI., wie die meisten ihrer Vorgängerinnen lang und dürr, hatte, verärgert über den Unfug ihrer Orakelsprüche und über die Leichtgläubigkeit der Griechen, den Jüngling Ödipus angehört; wieder einer, der danach fragte, ob seine Eltern seine Eltern seien, als wäre das in aristokratischen Kreisen so einfach zu entscheiden, wirklich, gab es doch Eheweiber, die angaben, Zeus selbst habe ihnen beigewohnt, und Ehemänner, die das sogar glaubten. Zwar hatte die Pythia in solchen Fällen, da die Fragenden ohnehin schon zweifelten, einfach geantwortet: teils – teils, aber heute war ihr das Ganze zu dumm, vielleicht nur, weil es schon nach fünf war, als der bleiche Jüngling angehumpelt kam, eigentlich hätte sie das Heiligtum schließen müssen, und so prophezeite sie ihm denn, sei es, um ihn von seinem Aberglauben an die Orakelkunst zu heilen, sei es, weil es ihr in einer boshaften Laune gerade einfiel, den blasierten Prinzen aus Korinth zu ärgern, etwas möglichst Unsinniges und Unwahrscheinliches, von dem sie sicher war, dass es nie eintreffen würde, denn, dachte Pannychis, wer wäre auch imstande, seinen eigenen Vater zu ermorden und seiner eigenen Mutter beizuschlafen – die inzestbeladenen Götter- und Halbgöttergeschichten hielt sie ohnedies für Märchen. Zwar beschlich sie ein leises Unbehagen, als der linkische Prinz aus Korinth auf ihr Orakel hin erbleichte, sie bemerkte es, obgleich sie auf ihrem Dreifuß von Dämpfen umhüllt war – der junge Mann musste wirklich außerordentlich leichtgläubig sein. Als er sich dann behutsam aus dem Heiligtum zurückgezogen und beim Oberpriester Merops XXVII. bezahlt hatte, der bei Aristokraten persönlich kassierte, schaute Pannychis Ödipus noch einen Augenblick lang nach, kopfschüttelnd, weil der junge Mann nicht den Weg nach Korinth einschlug, wo doch seine Eltern wohnten; dass sie mit ihrem scherzhaften Orakel vielleicht irgendein Unheil angestiftet haben könnte, verdrängte sie, und indem sie dieses ungute Gefühl verdrängte, vergaß sie Ödipus.«

1 Die Priesterinnen des Apoll in Delphi wurden *Pythia* genannt.

Zitiert nach: Friedrich Dürrenmatt: Der Sturz (u.a.). Diogenes-Verlag, Zürich 1998, 119–120.

1 (a) Suche im lateinischen Text nach den satzwertigen Konstruktionen A.c.i. und Abl. abs. Kläre jeweils die Zeitverhältnisse. – (b) Ergänze die Liste der Wörter, die einen Gliedsatz einleiten (s. S. 11, Aufg. 1).

2 (a) Notiere auf einer Zeitleiste die einzelnen Stationen im Leben des Oedipus. Beziehe auch die hinführenden und überleitenden (deutschen) Texte mit ein.
(b) Suche im Text Wörter aus dem Wortfeld »Familie«.

3 Trägt Oedipus Schuld an den Geschehnissen? Diskutiert in der Klasse.

4 *Zum Sophokles-Text*
(a) Nenne alle im Text vorkommenden Begriffe aus dem Wortfeld Sehen/Licht (Zeilenangaben!). – (b) Worauf spielt Teiresias mit seinen Worten an? (Belege!)
Zum Dürrenmatt-Text
(c) Welche Elemente des Mythos greift Dürrenmatt auf? – (d) Wie kommt der Orakelspruch für Oedipus zustande? Wie wird dieser charakterisiert?
(e) Vergleiche: Wie gehen Hygin, Sophokles und Dürrenmatt mit dem Sagenstoff um?

2 Wein, Hirten und das Firmament – Icarius et Erigone

Immer wieder geben Mythen einen Erklärungsversuch für Feste, Riten, aber auch für Phänomene, die den Menschen der damaligen Zeit nur schwer verständlich waren. So auch im nachstehenden Mythos:

1 Cum Liber pater ad homines esset profectus, ut suorum fructuum suavitatem atque iucunditatem ostenderet, ad Icarium et Erigonam in
5 hospitium liberale devenit. Iis utrem plenum vini muneri dedit iussitque, ut in reliquas terras propagarent. Icarius plaustro onerato cum Erigone filia et cane Maera in terram Atticam ad
10 pastores devenit et genus suavitatis ostendit. Pastores cum immoderatius biberent, ebrii facti conciderunt; qui arbitrantes Icarium sibi malum medicamentum dedisse fustibus eum
15 interfecerunt. Icarium autem occisum canis ululans Maera Erigonae monstravit, ubi pater insepultus iaceret; quo cum venisset, super corpus parentis in arbore suspendio se necavit. Ob quod
20 factum Liber pater iratus Atheniensium filias simili poena afflixit. De ea re ab Apolline responsum petierunt, quibus responsum est, quod Icarii et Erigones mortem neglexissent. Quo responso de
25 pastoribus supplicium sumpserunt et Erigonae diem festum oscillationis pestilentiae causa instituerunt et ut per vindemiam de frugibus Icario et Erigonae primum delibarent. Qui deorum
30 voluntate in astrorum numerum sunt relati; Erigone signum Virginis, quam nos Iustitiam appellamus, Icarius Arcturus in sideribus est dictus, canis autem Maera Canicula.

Als (der Weingott) Liber sich auf den Weg zu den Menschen gemacht hatte, um ihnen die Süße und den Wohlgeschmack seiner Früchte zu zeigen, kam er zu Ikarius und Erigone und wurde freundlich von ihnen aufgenommen. Diesen gab er einen Schlauch voll Wein und forderte sie auf, dass sie ihn in den anderen Ländern verbreiteten. Ikarius belud seinen Wagen und kam mit seiner Tochter Erigone und dem Hund Maera nach Attika zu Hirten und zeigte ihnen diese eigentümliche Art der Süße. Als die Hirten allzu unmäßig tranken, bekamen sie einen Rausch und fielen zu Boden. Im Glauben, Ikarius habe ihnen ein übles Gift gegeben, schlugen diese ihn mit Knüppeln tot. Dadurch dass der Hund Maera aber vor dem ermordeten Ikarius heulte, zeigte er Erigone, wo ihr Vater unbestattet lag. Als sie an die Stelle gekommen war, brachte sie sich um, indem sie sich über der Leiche ihres Vaters an einem Baum erhängte. Voll Zorn über diesen Vorfall aber verhängte der Vater Liber über die Töchter der Athener die gleiche Strafe. Deswegen erbaten sie von Apoll ein Orakel, und sie erhielten die Antwort, sie hätten den Tod des Ikarius und der Erigone ungestraft gelassen. Auf diesen Orakelspruch hin bestraften sie die Hirten mit dem Tod, richteten zu Ehren Erigones wegen der drohenden Pest das »Schaukelfest«[1] ein und bestimmten, bei der Weinlese von den Früchten zuerst dem Ikarius und der Erigone zu opfern. Ikarius und Erigone wurden nach dem Willen der Götter unter die Sterne versetzt, Erigone als Sternbild der Jungfrau, die wir »Iustitia« nennen, Ikarius als »Arcturus«, der Hund Maera aber als »Canicula«.

1 Ein Weinfest im attischen Ikaria und in Athen.

Tödliche Missverständnisse

Darstellung des nördlichen Sternenhimmels. Holzschnitt von Albrecht Dürer, 1515

1 (a) Gliedere den lateinischen Text und gib jedem Abschnitt eine Überschrift. Begründe deine Entscheidungen. – (b) Schreibe die Hauptaussagen des deutschen Textes heraus, ergänze sie jeweils durch die entsprechenden lateinischen Zitate und erläutere ihren logischen Zusammenhang. – (c) Suche im lateinischen Text nach Stilmitteln. Welche Funktion haben sie jeweils?

2 Gestalte allein oder zusammen mit einem oder mehreren Mitschülern eine Bildergeschichte, die den Mythos von Ikarius und Erigone wiedergibt.

3 Informiere dich über den mythologischen Hintergrund der Himmelsobjekte, die im Dürerstich zu finden sind: »Orion und Skorpion«, »Zwillinge«, »Andromeda«, »Milchstraße«. Präsentiere die Ergebnisse deinen Mitschülern.

4 Suche im lateinischen Text nach Partizipien. Welche Partizipialkonstruktionen liegen jeweils vor? Wie sind diese im deutschen Text wiedergegeben?
(Tipp: Wiederhole das Thema »Partizipialkonstruktionen«.)

3 Heimkehr eines Sohnes – Theseus

Nach einem Krieg mit Minos, dem König von Kreta, mussten die Athener jährlich sieben Kinder nach Kreta entsenden, die dem Minotaurus, einem Ungeheuer mit Menschenleib und Stierkopf, zum Fraß vorgeworfen wurden:

Theseus posteaquam a Troezene venerat et audiit, quanta calamitate civitas afficeretur, voluntarie se ad Minotaurum pollicitus est ire. Quem pater cum mitteret, praedixit ei, ut, si
5 victor reverteretur, vela candida in nave haberet; qui autem ad Minotaurum mittebantur, velis atris navigabant.

Thēseus, eī *m.*: *Sohn des athenischen Königs Aegeus*
posteāquam = postquam
Troezēn, ēnis: *eine alte Stadt auf der Peloponnes*
audiit = audīvit
quantus: wie groß
calamitās, ātis *f.*: Unglück, Schaden
voluntārius: freiwillig
pollicērī, pollicitus sum: versprechen
praedīcere, praedīxī, praedictum: vorschreiben
revertī, revertor, revertī, reversus: zurückkehren
vēlum: Segel
candidus: strahlend weiß
āter, ātra, ātrum: schwarz

Theseus posteaquam Cretam venit, ab Ariadne, Minois filia, est adamatus adeo, ut fratrem pro-
10 deret et hospitem servaret; ea enim Theseo monstravit labyrinthi exitum; quo Theseus cum introisset et Minotaurum interfecisset, Ariadnes monitu licium revolvendo foras est egressus eamque, quod fidem ei dederat, in coniugio se-
15 cum habiturus avexit.

adamāre: lieb gewinnen
adeō: so sehr
frater: *gemeint ist der Minotaurus*
hospes, itis *m.*: Gast, Fremder
exitus, ūs *m.*: Ausgang
introīre, introeō, introiī, introitum: hineingehen
Ariadnēs: *griech. Genetiv zu* Ariadnē
monitus, ūs *m.*: Ermahnung
līcium: Faden
revolvere: aufwickeln
forās: nach draußen
ēgredī, ēgredior, ēgressus sum: hinausgehen
coniugium: Ehe
āvehere, āvēxī, āvectus: wegbringen

Bei einem Aufenthalt auf der Insel Naxos erschien Theseus im Schlaf der Gott Dionysos und beanspruchte Ariadne für sich. Theseus beugte sich diesem Gebot, ließ das Mädchen zurück und segelte allein weiter.

Theseus autem cum navigaret, oblitus est vela atra mutare, itaque Aegeus pater eius credens Theseum a Minotauro esse consumptum in mare se praecipitavit, ex quo Aegeum pelagus est
20 dictum.

oblīvīscī, oblīvīscor, oblītus sum: vergessen

pelagus, ī *n.*: Meer

Tödliche Missverständnisse

1 Gruppenarbeit: Teilt die Sätze des Textes auf die Gruppen auf. Zeichnet für die Sätze Satzbilder (z. B. nach der »Kästchenmethode« oder der »Einrückmethode«) und präsentiert die Arbeitsergebnisse euren Mitschülern (z. B. auf einer Folie).

2 (a) Wo findet sich im Text der Konjunktiv? Wie ist er jeweils zu begründen? – (b) Wo ist er auch im Deutschen mit einem Konjunktiv wiederzugeben?

3 Skizziere den Handlungsverlauf. Belege deine Antwort mit lateinischen Zitaten.

4 Mit welchen stilistischen Mitteln werden die Aussagen Zeile 10–15 verdeutlicht?

5 »Theseus, ein Held mit Schwächen«. Nimm Stellung.

6 Verfasse (auf Deutsch) einen Brief, den entweder Ariadne an Theseus oder Theseus an Ariadne geschrieben haben könnte, nachdem Ariadne von Theseus auf Naxos zurückgelassen worden war.

Wandfresko im »Palast des Minos«, Knossos

Verbotene Liebe

1 Aufgeflogen – Venus und Mars

Der griechische Dichter Homer erzählt in der »Odyssee« von der Liebe des Kriegsgottes Ares zur schönen Aphrodite, die mit dem hinkenden Hephaistos verheiratet ist. Immer wieder wird dieser Mythos von späteren Autoren aufgegriffen. So auch von Hygin und Ovid.

Vulcanus cum resciit	rescīscere, sciī: erfahren
Venerem cum Marte clam concumbere	concumbere: schlafen mit
et se virtuti eius obsistere non posse,	obsistere, obstitī: sich entgegenstellen, sich widersetzen
catenam ex adamante fecit	catēna: Kette, Fessel
5 et circum lectum posuit,	adamās, antis *m.*: Stahl
ut Martem astutia deciperet.	circum + *Akk.*: um … herum
Ille cum ad constitutum venisset,	astūtia: Schlauheit
concidit cum Venere in plagas adeo,	dēcipere, iō, cēpī, ceptum: täuschen
ut se exsolvere non posset.	*zu* cōnstitūtum *erg.* diem
	concidere, cidī: stürzen
10 Id Sol cum Vulcano nuntiasset,	plaga: Netz
ille eos nudos cubantes vidit;	exsolvere: lösen, befreien
deos omnis convocavit;	Sōl, Sōlis *m.*: *Sonnengott*
qui ut viderunt, riserunt.	nūntiāsset = nūntiāvisset
Ex eo Martem,	nūdus: nackt
15 id ne faceret,	cubāre, cubuī, cubitum: liegen, ruhen
pudor terruit.	omnīs = omnēs
Ex eo conceptu nata est Harmonia,	pudor, ōris *m.*: Scham, Ehrgefühl
cui Minerva	conceptus, ūs *m.*: Empfängnis
et Vulcanus	scelus, leris *n.*: *hier*: unheilvolles Zaubermittel
20 vestem sceleribus tinctam muneri dederunt,	tingere, tīnxī, tīnctum: benetzen, vergiften
ob quam rem	prōgeniēs, ēī *f.*: Nachkommenschaft
progenies eorum scelerata exstitit.	scelerātus: verbrecherisch
Soli autem Venus ob indicium	exsistere, exstitī: entstehen, werden
ad progeniem eius semper fuit inimica.	indicium: Verrat
	inimīcus: feindlich

Einer der größten Mythenerzähler der Antike war der römische Dichter **Publius Ovidius Naso** (43 v. Chr.–18 n. Chr.), der in seinen *Metamorphosen* auch die Geschichte von Vulcanus und Venus wiedergibt.

1 primus adulterium Veneris cum Marte putatur	Als Erster – so glaubt man – hat dieser Gott (*gemeint ist der Sonnengott Phoebus*) den Ehebruch der Venus mit Mars gesehen, sieht dieser Gott doch alles als Erster. Er fühlte Schmerz über ihr Tun und zeigte dem Sohn der Juno, dem Ehemann, den Diebstahl des Ehebettes und den Ort des Diebstahls, aber jenem
hic vidisse deus; videt hic deus omnia primus.	
indoluit facto Iunonigenaeque marito	
furta tori furtique locum monstravit, at illi	
5 et mens et quod opus fabrilis dextra tenebat	
excidit: exemplo graciles ex aere catenas	
retiaque et laqueos, quae lumina fallere possent,	

22

Verbotene Liebe

elimat. non illud opus tenuissima vincant
stamina, non summo quae pendet aranea tigno;
10 utque levis tactus momentaque parva sequantur,
efficit et lecto circumdata collocat arte.
ut venere torum coniunx et adulter in unum,
arte viri vinclisque nova ratione paratis
in mediis ambo deprensi amplexibus haerent.
15 Lemnius exemplo valvas patefecit eburnas
inmisitque deos; illi iacuere ligati
turpiter, atque aliquis de dis non tristibus optat
sic fieri turpis; superi risere, diuque
haec fuit in toto notissima fabula caelo.

Ovid, met. 4,171–189 in einer Übersetzung von Erich Rösch, Heimeran, München 1952.

entfällt die Besinnung jäh und auch das Werk, das die kunstreiche Rechte gerade hielt. Sogleich feilt er aus Erz Ketten, Netze und Schlingen so fein, dass sie dem Auge entgehen könnten. Jenes Werk könnte nicht übertreffen zartester Faden, nicht das Gewebe einer Spinne, wie es vom Balken der Decke hängt. Und er schafft es, dass dem leisesten Druck und der kleinsten Regung es folgt, und fügt es mit List und Kunst rings um das Bett. Als nun kamen die Gattin und der Nebenbuhler zu ein und demselben Lager, haften, mitten in den Umarmungen ertappt, beide durch die Künste des Mannes fest in dem Garn, wie es auf neueste Art gewoben worden war. Aber der Lemnier (= *Vulcanus*) öffnete die Elfenbeinpforte sogleich und ließ die Götter hinein; da lagen die beiden gebunden, in schimpflicher Weise; und einer von den nicht gerade traurigen Göttern wünscht, in eine so schimpfliche Lage zu kommen. Die Götter lachten, und lang war dies noch im ganzen Himmel eine gern erzählte Geschichte.

Zum Hygin-Text

1 Übertrage die Tabelle in dein Heft und ergänze diese durch die im Hygin-Text genannten Götter.

Griechischer Göttername	Römischer Göttername	Funktion
Hephaistos	Vulcanus	

2 (a) Suche alle Pronomina aus dem Text heraus. Wer bzw. was ist jeweils gemeint? – (b) Welche semantische Funktion haben jeweils die *ut*-Sätze in Zeile 6, 9, 13 und die *cum*-Sätze in Zeile 1, 7 und 10?
3 Notiere die Kernaussagen des Textes. Belege mit lateinischen Zitaten.
4 Ist das Verhalten des Vulcanus fair?

Zum Ovid-Text

5 Was stellt Ovid in seiner Schilderung in den Vordergrund? Vergleiche mit Hygins Darstellung. Zitiere lateinisch die zentralen Textstellen.

Verbotene Liebe

2 Späte Belohnung – Io

Zeus / Iuppiter erscheint im Mythos oft als großer Liebhaber auch von Menschenfrauen. Immer wieder gab es daher im Hause Zeus / Iuppiter Ehekrach …

Ex Inacho et Argia Io. Hanc Iuppiter dilectam compressit et in vaccae figuram convertit, ne Iuno eam cognosceret.

Īnachus: *Flussgott und ältester König der Stadt Argos*
Argīa: *Mutter der Io*
dīligere, dīlēxī, dīlēctum: lieben
comprimere, compressī: vergewaltigen
vacca: Kuh
figūra: Gestalt
convertere, convertī, conversum: umwenden, verwandeln

Id Iuno cum rescivit, Argum, cui undique oculi
5 refulgebant, custodem ei misit; hunc Mercurius Iovis iussu interfecit. At Iuno formidinem ei misit; cuius timore exagitatam coegit eam, ut se in mare praecipitaret, quod mare Ionium est appellatum. Inde in Scythiam tranavit, unde Bospo-
10 rum fines sunt dictae. Inde in Aegyptum, ubi parit Epaphum. Iovis cum sciret suapte propter opera tot eam aerumnas tulisse, formam suam ei propriam restituit deamque Aegyptiorum eam fecit, quae Isis nuncupatur.

rescīscere, rescīvī: erfahren
Argus: *vieläugiger Riese*
refulgēre: funkeln
cūstōs, ōdis *m.*: Wächter
formīdō, inis *f*: Plagegeist (*gemeint ist eine Stechfliege/Bremse*)
exagitāre: aufscheuchen, hetzen
mare Iōnium: das Ionische Meer (*Meer zwischen Süditalien und Griechenland*)
Scythia: Skythien (*Gegend nördlich des Schwarzen Meeres*)
trānāre: hinüberschwimmen
unde: woher, wonach
Bosporus: *Meerenge zwischen Europa und Asien. Der Name wurde von den Griechen allgemein als »Rinderfurt« gedeutet.*
Bosporum: *hier =* Bosporus
parere, iō, peperī, partum: gebären, hervorbringen
Iovis: *hier: Nominativ*
suapte: *verstärktes* sua
aerumna: Kummer
proprius, a, um: eigen
nūncupāre: nennen

1 Gruppenarbeit: Zeichnet für einen der folgenden Sätze Satzbilder (z.B. nach der »Kästchen-« oder der »Einrückmethode«) und präsentiert eure Arbeitsergebnisse (z.B. auf einer Folie) euren Mitschülern:
(a) *Id Iuno … misit* (Z. 4–5)
(b) *At Iuno … appellatum* (Z. 6–9)
(c) *Iovis … nuncupatur* (Z. 11–14)

Verbotene Liebe

2 Skizziere den Gang der Handlung, indem du die nachstehende Tabelle in dein Heft überträgst und entsprechend ergänzt. Verfolge Ios Weg auf der Karte.

Konnektor	Handelnde Person/Gottheit	Prädikat/ Verbalaussage	Ort

3 Erzähle den Mythos aus der Sicht
(a) der Io, (b) des Iuppiter oder (c) der Iuno.

4 Bei *dilectam* (Z. 1) und *exagitatam* (Z. 7) liegen participia coniuncta vor. Bestimme in beiden Fällen das Beziehungswort sowie das Zeit- und Sinnverhältnis zwischen der Handlung des Partizips und der des Prädikats.

Östliches Mittelmeer. Die Karte ist fiktiv, weil sie auch Namen enthält, die nie gleichzeitig gültig waren.

Verbotene Liebe

3 Ein verhängnisvoller Wurf – Danaë

Der Gott Kronos (lat. Sāturnus) verschlang aus Furcht vor seinen Nachkommen alle seine Kinder außer Zeus, der vor ihm verborgen wurde und ihn später schließlich entthronte.

Danae Acrisii et Aganippes filia.
Huic fuit fatum, ut,
quod peperisset,
Acrisium interficeret;
5 quod timens Acrisius
eam in muro lapideo praeclusit.
Iovis autem in imbrem aureum conversus
cum Danae concubuit,
ex quo compressu natus est Perseus.

10 Quam pater ob stuprum inclusam in arca
cum Perseo in mare deiecit.
Ea voluntate Iovis delata est in insulam Seriphum;
quam piscator Dictys cum invenisset,
effracta ea vidit mulierem cum infante,
15 quos ad regem Polydectem perduxit,
qui eam in coniugio habuit
et Perseum educavit in templo Minervae.
Quod cum Acrisius rescisset
eos ad Polydectem morari,
20 repetitum eos profectus est;
quo cum venisset,
Polydectes pro eis deprecatus est,
Perseus Acrisio avo suo fidem dedit
se eum numquam interfecturum.

Acrisius: *König von Argos*
Aganippē, ēs: *Tochter des Flussgottes Permessus*
fātum: Schicksal, Götterspruch
quod = id, quod
lapideus: aus Stein
praeclūdere, praeclūsī, praeclūsum: einschließen
Iovis: *hier:* Nom. Sg.
imber, imbris *m.*: Regen
aureus: golden
concumbere, concubuī: schlafen mit
compressus, ūs *m.*: Umarmung, Beischlaf
stuprum: Unzucht
inclūdere, inclūsī, inclūsum: einschließen
arca: Kasten
dēicere, dēiciō, dēiēcī, dēiectum: hinabwerfen
Serīphus: *eine der Kykladeninseln*
piscātor, ōris *m.*: Fischer
effringere, effrēgī, effrāctum: aufbrechen
mulier, eris *f.*: Frau
īnfāns, ntis *m./f.*: Kind
Polydectēs, ae, *m.*: *König auf Seriphus*
perdūcere, perdūxī, perductum: hinführen
coniugium: Ehe
rescīscere, rescīī: erfahren
morārī: sich aufhalten
repetere, repetīvī, repetītum: zurückfordern
repetītum: *s. Informationstext (»Supinum I«)*
quō: dorthin
dēprecārī: um Gnade bitten
avus: Großvater
fidem dare: ein Versprechen geben
interfectūrum: *erg.* esse

Verbotene Liebe

25 Qui cum tempestate retineretur,
Polydectes moritur;
cui cum funebres ludos facerent,
Perseus disco misso,
quem ventus distulit in caput Acrisii,
30 eum interfecit.
Ita
quod voluntate sua noluit,
deorum factum est;
sepulto autem eo Argos profectus est
35 regnaque avita possedit.

morī, morior, mortuus sum: sterben
fūnebrēs lūdī: Begräbnisspiele *zu Ehren eines Verstorbenen*
discus: Diskus, Wurfscheibe
ventus: Wind

sepelīre, sepelīvī, sepultum: begraben
Argī, ōrum *m.: die Stadt Argos*
avītus: des Großvaters
possīdēre, possīdō, possēdī, possessum: in Besitz nehmen, sich bemächtigen

Supinum I

Die Verbalform »Supinum I« (z. B. repetitum) ist ein alter Akkusativ der Richtung. Sie steht nur nach Verben der Bewegung zur Bezeichnung eines Zwecks. Das Supinum I kann als Ergänzung ein Objekt haben.

Beispiel:
auxilium postulatum venire: kommen, um Hilfe zu fordern

1 (a) Übertrage nachstehende Tabelle in dein Heft und ergänze sie:

Partizip (in Zeile)	Beziehungswort	Art der Partizipialkonstruktion	Zeitverhältnis	Sinnrichtung
timens	Acrisius	participium coniunctum	gleichzeitig	kausal

(b) Bestimme für alle im Text vorkommenden Pronomina das Beziehungswort und gib an, um welche Art von Pronomen es sich handelt.

2 Erstelle eine Gliederung des Textes und begründe sie. Formuliere eine Überschrift für jeden Gliederungsabschnitt.

3 (a) Wie ist das Handeln der einzelnen Personen jeweils motiviert? – (b) Welchen Einfluss haben diese auf den Ausgang der Geschichte? (Lateinische Zitate!)

1 Wahnsinn als Maske

Intelligenz, Listenreichtum, Neugier, aber auch Ausdauer und Leidensfähigkeit – für diese Eigenschaften stand bei den Griechen der Name Odysseus. Seitdem Homer ihm ca. 700 v. Chr. sein großes Epos *Odyssee* gewidmet hatte, ließ das ergreifende Schicksal des Helden die Menschen nicht mehr los.

Dieses Schicksal ist eng mit dem Trojanischen Krieg verknüpft. Als Helena, die Frau des Menelaos, des Königs von Sparta, vom trojanischen Königssohn Paris geraubt worden war, sollte auch Odysseus an dem Zug gegen Troja teilnehmen. Er hatte sich nämlich vor der Hochzeit der Helena und des Menelaos zusammen mit den übrigen Freiern der Braut verpflichtet, gegen einen möglichen Ehebrecher vorzugehen. Doch Odysseus, Herr über die Insel Ithaka, war inzwischen mit der schönen Penelope verheiratet und hatte seit kurzem den kleinen Sohn Telemachos – und ihm stand daher der Sinn nicht nach Krieg.

Agamemnon et Menelaus, Atrei filii,
cum ad Troiam oppugnandam
coniuratos duces ducerent,
in insulam Ithacam
5 ad Ulixem, Laertis filium, venerunt,
cui erat responsum,
si ad Troiam isset,
post vicesimum annum solum sociis perditis
egentem domum rediturum.
10 Itaque cum sciret ad se oratores venturos,
insaniam simulans pileum sumpsit
et equum cum bove iunxit ad aratrum.
Quem Palamedes ut vidit,
sensit simulare
15 atque Telemachum filium eius cunis sublatum
aratro ei subiecit et ait:
»Simulatione deposita inter coniuratos veni.«
Tunc Ulixes fidem dedit se venturum;
ex eo Palamedi infestus fuit.

Agamemnōn, onis *m.*: *König von Mykene, Bruder des Menelaos*
oppūgnāre: angreifen
coniūrātus: verschworen, durch Eid verbunden
Ulixēs, is *m.*: *lat. Form von Odysseus*
Lāertēs, is *m.*: *Vater des Odysseus*
respondēre: *hier*: prophezeien
vīcēsimus: der Zwanzigste
ōrātor, ōris *m.*: Redner
īnsānia: Wahnsinn
simulāre: vortäuschen
pileus: Kappe
bōs, bovis *m./f.*: Rind
iungere, iūnxī, iūnctum: verbinden
arātrum: Pflug
Palamēdēs, is *m.*: *Königssohn von der Insel Euboea*
cūnae, ārum *f.*: Wiege
subicere, iō, iēcī, iectum: davorwerfen
simulātiō, ōnis *f.*: Verstellung
dēpōnere, pōnō, posuī, positum: ablegen
tunc: da, dann

Zwanzig lange Jahre: Odysseus in der Fremde

1. Informiere dich in einer Grammatik über die Grundregeln der indirekten Rede (oratio obliqua) und nenne Beispiele für ihre Anwendung im Text.

2. Um welche Verbformen handelt es sich bei *rediturum* (Z. 9) und *venturos* (Z. 10)?

3. Kann man Odysseus' Verhalten als eine Art Wehrdienstverweigerung sehen? Nimm Stellung.

4. Wie hättest du an Odysseus' Stelle gehandelt?

5. Odysseus und Palamedes wenden beide eine List an. Worin unterscheiden sich ihre Vorgehensweisen aber doch grundsätzlich? Erkundige dich anhand eines Nachschlagewerks oder im Internet über das weitere Schicksal des Palamedes.

Odysseus – auf die Probe gestellt. Zeichnung von Stefan Danecki, 2002

2 Das Trojanische Pferd

Zehn Jahre hatten sich die Griechen vergeblich bemüht, die belagerte Stadt Troja zu erobern. Da kam Odysseus auf den Gedanken, ein riesiges hölzernes Pferd zu bauen. Als Konstrukteur nennt Hygin einen gewissen Epeus:

Achivi
cum per decem annos
Troiam capere non possent,
Epeus monitu Minervae
5 equum mirae magnitudinis ligneum fecit
eoque sunt collecti Menelaus, Ulixes,
Diomedes, Thessander, Sthenelus,
Acamas, Thoas, Machaon, Neoptolemus;
et in equo scripserunt
10 DANAI MINERVAE DONO DANT,
castraque transtulerunt Tenedo.
Id Troiani cum viderunt,
arbitrati sunt hostes abisse;
Priamus equum in arcem Minervae duci imperavit,
15 feriatique magno opere ut essent,
edixit;
id vates Cassandra
cum vociferaretur inesse hostes,
fides ei habita non est.

20 Quem in arcem cum statuissent
et ipsi noctu lusu atque vino lassi obdormivissent,
Achivi ex equo aperto a Sinone exierunt
et portarum custodes occiderunt
sociosque signo dato receperunt
25 et Troia sunt potiti.

Achīvī, ōrum: die Griechen
monitus, ūs *m.*: Mahnung, Anraten
mīrus: erstaunlich
māgnitūdō, inis *f.*: Größe
līgneus: hölzern
eō: dorthin
Danaī, ōrum: die Griechen
dōnum: Geschenk
trānsferre, tulī, lātum: hinüberbringen, verlegen
Tenedus: *Insel in der Nähe von Troja*
arbitrārī: glauben
Priamus: *der König von Troja*
arx, arcis *f.*: Burg
imperāre: *hier mit A.c.i.*
fēriātus (erg. diēs): Festtag
māgnō opere: in großem Stil
id: *kann hier unübersetzt bleiben*
vātēs, is *m./f.*: Seher(in)
Cassandra: *eine Tochter des Priamus*
vōciferārī: verkünden
inesse, īnsum, fuī: darinnen sein
fidem habēre: Glauben schenken
statuere, statuī, statūtum: aufstellen
lūsus, ūs *m.*: Spiel
vīnum: Wein
lassus: erschöpft
obdormīscere, obdormīvī: einschlafen
Sinōn, ōnis: *Grieche, der zuvor die Trojaner überredet hatte, das Pferd in die Stadt zu ziehen*
recipere, iō, cēpī, ceptum: aufnehmen, *hier*: hereinlassen
potīrī, ior, potītus sum + *Abl.*: sich bemächtigen

Zwanzig lange Jahre: Odysseus in der Fremde

1 Gliedere den Text und begründe deine Entscheidungen. Gib den einzelnen Abschnitten Überschriften.

2 (a) Beschreibe das Vorgehen der Griechen und die Reaktion der Trojaner darauf. – (b) Kannst du die Trojaner verstehen? Begründe.

3 (a) Informiere dich über das Schicksal der Priamostochter Kassandra und suche nach Erklärungen dafür, dass sie in der Literatur als besonders tragische Figur gesehen wird. – (b) Was versteht man unter »Kassandrarufen«? Ziehe gegebenenfalls ein Lexikon oder das Internet zurate.

4 Im Zusammenhang mit der Sicherheit von Computern ist häufig von »Trojanern« die Rede. Was versteht man darunter? Ist die Bezeichnung im Hinblick auf die Sage zutreffend?

Das »Trojanische Pferd« vor der Ausgrabungsstätte in Troja

3 »Hilfe, Niemand blendet mich!« – Odysseus bei Polyphem

Nach der Eroberung Trojas kannte Odysseus nur ein Ziel: heim nach Ithaka zu Frau und Kind. Auf der Rückfahrt landet er erst bei den sog. Lotophagen, den Lotosessern. Da der Genuss des Lotos zu Gedächtnisverlust führt und seine Gefährten dadurch nicht mehr an die Heimfahrt denken, muss Odysseus sie mit Gewalt auf die Schiffe bringen lassen, um weitersegeln zu können. Darauf gelangt er zu der Insel der Kyklopen, Riesen, die nur ein einziges Auge auf der Stirn tragen:

Inde ad Cyclopem Polyphemum,
Neptuni filium.
Huic responsum erat ab augure Telemo Eurymi filio,
ut caveret,
5 ne ab Ulixe excaecaretur.
Hic media fronte unum oculum habebat
et carnem humanam epulabatur.
Qui postquam pecus in speluncam redegerat,
molem saxeam ingentem ad ianuam opponebat.
10 Qui Ulixem cum sociis inclusit
sociosque eius consumere coepit.

Ulixes
cum videret
eius immanitati atque feritati resistere se non posse,
15 vino,
quod a Marone acceperat,
eum inebriavit seque »Utin« vocari dixit.

Itaque
cum oculum eius trunco ardenti exureret,
20 ille clamore suo ceteros Cyclopas convocavit
eisque spelunca praeclusa dixit:
»Utis me excaecat.«
Illi credentes eum deridendi gratia dicere neglexerunt.
At Ulixes socios suos ad pecora alligavit
25 et ipse se ad arietem et ita exierunt.

augur, uris *m.*: Augur, Vogelschauer
cavēre, cāvī, cautum: sich hüten
excaecāre: blenden
frōns, frontis *f.*: Stirn
carō, carnis *f.*: Fleisch
epulārī: essen, verspeisen
spēlunca: Höhle
redigere, redēgī, redāctum: zurücktreiben
mōlēs, is *f.*: Masse, Block
saxeus: aus Fels
iānua: Eingang, Zugang
oppōnere, opposuī, oppositum: dagegensetzen

immānitās, ātis *f.*: Unmenschlichkeit
feritās, ātis *f.*: Wildheit
Marōn, ōnis *m.*: *Apollonpriester; hatte Odysseus in Thrakien beherbergt*
inēbriāre: betrunken machen
Ūtis *griech., Akk.:* Ūtin: »Niemand«

truncus: Baumstamm
ārdēre, ārsī: brennen
exūrere: ausbrennen

praeclūdere: verschließen

dērīdēre: spaßen
grātiā + *Gen.*: wegen
alligāre: anbinden
ariēs, etis *m.*: Widder

Zwanzig lange Jahre: Odysseus in der Fremde

Odysseus und seine Gefährten blenden Polyphem. Darstellung auf einer Hydria, einem antiken Wassergefäß, um 500 v. Chr.

Zwanzig lange Jahre: Odysseus in der Fremde

Der Klassische Philologe **Joachim Latacz** schreibt: »Als die Griechen, ursprünglich mit dem Meere nicht vertraut, in ihrer neuen Heimat selbst Seefahrer wurden, übernahmen sie von den Einheimischen mit dem Schiffsbau und seiner Terminologie, mit der Meeresgeographie und der nautischen Erfahrung auch die alten Seemannssagen und das Seemannsgarn. Odysseus gehörte dazu. Alles was Seeleute auf ihren manchmal langen Fahrten an Zauberern, Riesen, Nixen und Wassermännern, Geisterschiffen und schwimmenden Inseln gesehen haben wollten, alle Abenteuer in fernen Ländern und auf entlegenen Inseln, die sie siegreich bestanden haben wollten, waren auf Odysseus übertragen worden.«

Joachim Latacz, Homer. Der erste Dichter des Abendlandes, Artemis Verlag, München–Zürich ²1989, S. 171 f.

Die jüdische Dichterin **Hilde Domin** (geb. 1909 in Köln) verließ 1932 Deutschland. Sie ging nach Italien, England und schließlich in die Dominikanische Republik. 1954 kehrte sie aus dem Exil nach Deutschland zurück. Sie hat Odysseus' Begegnung mit Polyphem in folgendem Gedicht verarbeitet:

In der Höhle des Polyphem

1 Der blinde Riese greift wieder nach mir.
Seine Hand zählt die Schafe.

Fortgehen schon wieder
unter dem Bauch des Widders.
5 Schon einmal
unter der zählenden Hand.

Die fortgehen
lassen alles zurück
die fortgehen unter der zählenden Hand.

10 Die fliehen
vor dem Riesen
nehmen nichts mit
als die Flucht.

Hilde Domin, Gesammelte Gedichte, S. Fischer Verlag, Frankfurt/M. 1987, S. 249.

Zwanzig lange Jahre: Odysseus in der Fremde

Zum Text von J. Latacz

1 Wie erklärt Joachim Latacz das Vorkommen von Gestalten wie Polyphem in der Odysseussage?

Zum Gedicht von Hilde Domin

2 (a) Welche im Hygin-Text erwähnten Ereignisse verwendet Hilde Domin in ihrem Gedicht? Wo unterscheidet sich ihre Darstellung von der Hygins? – (b) Inwiefern lassen sich die verwendeten Bestandteile des Mythos mit Erlebnissen der Autorin verbinden?

3 Vergleiche die Darstellung der Blendung im Hygin-Text mit den beiden Abbildungen.

Polyphem-Gruppe von Sperlonga in der Rekonstruktion von Prof. Dr. Bernard Andreae. Die römische Kopie aus der Grotte des Tiberius geht auf ein hellenistisches Vorbild zurück, das wahrscheinlich um die Mitte des 2. Jahrhunderts v. Chr. von Künstlern aus Rhodos geschaffen wurde. Kunstsammlungen der Ruhr-Universität Bochum

4 Lässt sich Odysseus »bezirzen«? – Odysseus und Kirke

Von der Kyklopeninsel gelangt Odysseus zur Insel des Windgottes Aiolos. Aiolos übergibt Odysseus, um ihm eine sichere Heimfahrt zu ermöglichen, einen Schlauch, in dem die gefährlichen Winde eingeschlossen sind. Als Odysseus mit seinen Gefährten fast in der Heimat Ithaka angelangt ist, schläft er vor Erschöpfung ein. Da öffnen seine Männer den Schlauch, weil sie glauben, er enthalte große Schätze. Alle Winde fahren heraus und ein gewaltiger Sturm bricht los, der die Schiffe wieder zu Aiolos zurücktreibt; dieser verweigert nun jede weitere Hilfe. So sind die Gefährten wieder auf sich gestellt und gelangen zu dem Riesenvolk der Laistrygonen:

Ad Laestrygonas,
quorum rex fuit Antiphates;
qui socios devoravit
navesque eius undecim confregit excepta nave,
5 qua sociis eius consumptis
evasit in insulam Aenariam
ad Circen, Solis filiam,
quae potione data
homines in feras bestias commutabat.
10 Ad quam Eurylochum cum viginti duobus sociis misit,
quos illa ab humana specie immutavit.
Eurylochus timens,
qui non intraverat,
15 inde fugit et Ulixi nuntiavit,
qui solus ad eam se contulit;
sed in itinere Mercurius ei remedium dedit monstravitque,
quomodo Circen deciperet.
20 Qui postquam ad Circen venit
et poculum ab ea accepit,
remedium Mercurii monitu coniecit
ensemque strinxit minatus,
nisi socios sibi restitueret,
25 se eam interfecturum.
Tunc Circe intellexit
non sine voluntate deorum id esse factum;
itaque fide data
se nihil tale commissuram
30 socios eius ad pristinam formam restituit.

dēvorāre: verschlingen
ūndecim: elf
cōnfringere, cōnfrēgī: zerschmettern
excipere, iō, cēpī, exceptum: (her)ausnehmen
Circēn: *griech. Akk. zu* Circē, ēs
Sōl, is: *Sonnengott*
pōtiō, ōnis *f.*: Trank
ferus: wild
commūtāre: verwandeln
Eurylochus: *Begleiter des Odysseus*
speciēs, ēī *f.*: Aussehen, Gestalt
immūtāre: verwandeln

remedium: Heilmittel; *hier*: Gegengift

pōculum: Becher
monitus, ūs *m.*: Ermahnung
conicere, iō, iēcī, iectum: zusammenwerfen; *hier*: hineinwerfen
ēnsis, is *m.*: Schwert
stringere, strīnxī, strictum: zücken
minārī: drohen
fidem dare: ein Versprechen geben
prīstinus: früher, ehemalig

Zwanzig lange Jahre: Odysseus in der Fremde

Odysseus und Kirke. Mythentravestie. Böotischer Skyphos, um 400 v. Chr. Oxford

1 Suche aus den Zeilen 1–9 alle Ablativi absoluti heraus. Was erreicht der Autor durch den häufigen Gebrauch dieser Partizipialkonstruktion auf so engem Raum?

2 Was wird durch das Eingreifen Merkurs deutlich? Belege deine Aussage am Text.

3 Was versteht man unter »bezirzen«?

4 Vergleiche die Darstellung der Kirke im Text mit der Abbildung.

37

5 Gefährliche Verlockung – Der Gesang der Sirenen
Tödliches Dilemma – Zwischen Skylla und Charybdis

Ein ganzes Jahr bleibt Odysseus noch bei Kirke. Dann macht er sich auf ihren Rat hin auf den Weg in die Unterwelt, um den Seher Teiresias über die weitere Heimfahrt zu befragen; Teiresias prophezeit ihm seine Zukunft.

Tum ad Sirenas, Melpomenes Musae
et Acheloi filias, venit,
quae partem superiorem muliebrem habebant,
inferiorem autem gallinaceam.
5 Harum fatum fuit tam diu vivere,
quam diu earum cantum mortalis audiens
nemo praetervectus esset.

Ulixes monitus a Circe, Solis filia,
sociis cera aures obturavit
10 seque ad arborem malum constringi iussit
et sic praetervectus est.

Melpomenē, ēs *f.*: *eine der neun Musen, der Göttinnen der Musik und der Künste*
Achelōus: *Flussgott*
superior: der Obere
muliebris, e: von einer Frau
īnferior: der Untere
gallīnāceus: von einem Huhn
cantus, ūs *m.*: Gesang
praetervehī, praetervectus sum: vorbeifahren
Circē, ēs *f.*: *Zauberin*
Sōl, is *m.*: *Sonnengott*
cēra: Wachs
auris, is *f.*: Ohr
obtūrāre: verstopfen
arbor, oris *f.*: Baum
mālus: Mast
cōnstringere: festbinden

Odysseus muss nun eine enge Passage zwischen zwei Klippen durchfahren. Zu beiden Seiten lauern grausige Monster.

Inde ad Scyllam, Typhonis filiam, venit,
quae superiorem corporis partem muliebrem,
inferiorem ab inguine piscis,
et sex canes ex se natos habebat;
5 eaque sex socios Ulixis nave abreptos consumpsit.

Ad Charybdinque perlatus,
quae ter die obsorbebat terque eructabat,
eam monitu Tiresiae praetervectus est.

Tȳphōn, ōnis *m.*: *Riese der Vorzeit*
inguen, inguinis *n.*: Unterleib
piscis, is *m.*: Fisch
sex: sechs
canis, is *m./f.*: Hund
abripere, iō, ripuī, abreptum: wegreißen
Charybdin: *griech. Akk. zu* Charybdis, is *f.*
perferre, pertulī, perlātum: hinbringen, verschlagen
ter: dreimal
obsorbēre: ansaugen
ēructāre: ausspeien

Zwanzig lange Jahre: Odysseus in der Fremde

Bei dem griechischen Dichter **Homer** warnt Kirke Odysseus zunächst vor der Skylla, darauf mit folgenden Worten vor dem Felsen der Charybdis, auf dem ein großer Feigenbaum zu sehen ist:

»Unter diesem schlürft die göttliche Charybdis das schwarze Wasser ein. Denn dreimal sendet sie es empor am Tage und dreimal schlürft sie es ein, gewaltig: mögest du nicht gerade dort sein, wenn sie einschlürft! ... Sondern halte dich ganz nahe an der Klippe der Skylla und treibe dort schnell dein Schiff vorbei, da es viel besser ist, sechs Gefährten in dem Schiffe einzubüßen, als alle miteinander.« (*Odyssee 12,104–110*)

Odysseus befolgt die Warnung der Kirke und erteilt seinem Steuermann die Weisung, auf die Klippe der Skylla zuzuhalten, um dem Sog der Charybdis zu entgehen. Bei Homer berichtet er selbst Folgendes:

»So sprach ich, und sie folgten eilig meinen Worten. Doch von der Skylla sagte ich nichts weiter: der Plage, gegen die nichts auszurichten, damit mir die Gefährten nicht abließen von der Ruderarbeit und sich in dem Schiff zusammendrängten.« (*Odyssee 12,222–225*)

Kurze Zeit später werden, wie Kirke es vorhergesehen hatte, sechs Männer von der Skylla aus dem Schiff gerissen, vor den Augen der Freunde zerfleischt und gefressen.

Übersetzung: W. Schadewaldt, Homer. Die Odyssee, Rowohlt Taschenbuch Verlag, Hamburg 1958.

1 An welchen Stellen des Textes wird ein Participium coniunctum verwendet? Bestimme jeweils Zeitverhältnis und Sinnrichtung.
2 Inwiefern ist Odysseus' Verhalten angesichts der Sirenen charakteristisch für ihn?
3 Der Begriff »Sirenengesang« ist sprichwörtlich. Was versteht man darunter?
4 Warum ist Homers Darstellung fesselnder als die Hygins?
5 Hat Odysseus verantwortungsvoll gehandelt? Nimm Stellung.

Odysseus lauscht den Sirenen. Mosaik, ca. 260 n. Chr. Tunis, Bardo-Museum

6 Heimkehr und Rache

Nach dem schrecklichen Erlebnis mit Skylla und Charybdis landet Odysseus auf der Insel Thrinakia, wo er durch eine Windstille festgehalten wird. Als die Lebensmittel knapp werden, schlachten seine Gefährten die Rinder des Sonnengottes Helios, die dort weiden – mit üblen Folgen: Als sich die Gefährten wieder auf offener See befinden, zerschmettert Zeus zur Strafe mit einem Blitzschlag das Schiff und die gesamte Mannschaft außer Odysseus wird getötet. Odysseus rettet sich auf einer Planke auf die Insel Ogygia, wo die Göttin Kalypso lebt. Diese verliebt sich in Odysseus und möchte ihn für immer bei sich behalten; sie verspricht sogar, ihm Unsterblichkeit zu verleihen. Das Angebot ist für Odysseus verlockend, aber seine Sehnsucht nach der Heimat ist stärker. Auf ausdrücklichen Befehl der Götter muss Kalypso ihn davonfahren lassen. Aber schon wartet die nächste Gefahr auf Odysseus: Poseidon, der rachsüchtige Vater des Polyphem, zerstört sein selbst gebautes Floß. Schwimmend erreicht er Scheria, die Insel der Phaiaken.

Inde in insulam Phaeacum venit
nudusque ex arborum foliis se obruit,
qua Nausicaa, Alcinoi regis filia,
vestem ad flumen lavandam tulit.
5 Ille erepsit e foliis et ab ea petit,
ut sibi opem ferret.
Illa misericordia mota pallio eum operuit
et ad patrem suum eum adduxit.

Alcinous hospitio liberaliter acceptum
10 donisque decoratum
in patriam Ithacam dimisit.
Ira Mercurii iterum naufragium fecit.
Post vicesimum annum
sociis amissis solus in patriam redit,
15 et cum ab hominibus ignoraretur
domumque suam attigisset,
procos,
qui Penelopen in coniugium petebant,
obsidentes vidit regiam
20 seque hospitem simulavit.
Et Euryclia nutrix ipsius,
dum pedes ei lavat,
ex cicatrice Ulixem esse cognovit.
Postea procos Minerva adiutrice
25 cum Telemacho filio et duobus servis
interfecit sagittis.

folium: Blatt

quā: wo
lavāre, lāvī, lautum: waschen
ērēpere, ērēpsī: herauskriechen
opem ferre: Hilfe bringen
misericordia: Mitleid, Barmherzigkeit
pallium: Mantel
operīre, operuī, opertum: bedecken
hospitium: Gastfreundschaft
līberālis, e: gütig, freigebig
decorāre: ehren

naufragium: Schiffbruch
vīcēsimus: der Zwanzigste

attingere, attigī, attāctum: erreichen
procus: Freier
Pēnelopēn: *griech. Akk. zu* Pēnelopē, ēs *f.*
coniugium: Ehe

nūtrīx, īcis *f.*: Amme

cicātrīx, īcis *f.*: Narbe
adiūtrīx, īcis *f.*: Helferin

Zwanzig lange Jahre: Odysseus in der Fremde

Homer, Odyssee

Penelope hatte versprochen, demjenigen ihre Hand zu geben, dem es gelinge, den Bogen des Odysseus zu spannen und einen Pfeil durch die Ösen von zwölf hintereinander aufgestellten Äxten zu schießen. Odysseus, dem Athene die Gestalt eines alten Bettlers gegeben hatte, brachte als Einziger die nötige Kraft auf und vollbrachte das Kunststück. Darauf sprach er zu den Freiern:

»›Dieser Wettkampf, der regelrechte, ist nun geendet! Jetzt will ich mir hinwieder ein anderes Ziel, auf das noch kein Mann geschossen hat, ausersehen: ob ich es treffe und mir Ruhm verleiht Apollon!‹
Sprach es und richtete auf Antinoos den bitteren Pfeil. Ja, da wollte dieser gerade den schönen Becher erheben, den goldenen, doppelt geohrten, und bewegte ihn schon in den Händen, um von dem Wein zu trinken. Mord aber kümmerte ihn nicht in dem Gemüte: wer möchte auch unter schmausenden Männern vermeinen, daß ein einziger unter vielen, und wäre er auch noch so stark, ihm den schlimmen Tod und das schwarze Todeslos bereiten werde? Da aber traf ihn Odysseus mit dem Pfeil in die Kehle, auf die er gezielt, und bis nach hinten gegenüber drang durch den weichen Hals die Spitze.«

Homer, Odyssee 22,5–16. Übersetzung: Wolfgang Schadewaldt, a. a. O.

1 (a) Welche grammatikalische Konstruktion liegt in der Formulierung *vestem ad flumen lavandam* (Z. 4) vor? – (b) Suche aus dem Text alle Partizipialkonstruktionen heraus und ordne sie nach Participium coniunctum und Ablativus absolutus.

2 Auf wen bezieht sich das *sibi* in Z. 6? Informiere dich in einer Grammatik über das Thema »indirekte Reflexivität«.

3 Schreibe alle im Text genannten Personen heraus. Ordne ihnen ihre Handlungen zu und skizziere stichpunktartig den Handlungsverlauf.

4 Die im Text genannten Freier hatten jahrelang Odysseus' Haus belagert, auf seine Kosten dort gelebt und seine Gattin Penelope bedrängt, ihren verschollenen Mann zu vergessen und sich für einen von ihnen zu entscheiden. Trotzdem hatte Penelope Odysseus zwanzig Jahre lang die Treue gehalten. Hältst du ein solches Verhalten für realistisch, vorbildlich oder …? Nimm Stellung.

5 (a) Vergleiche Hygins und Homers Darstellung. – (b) Odysseus verschonte keinen der Freier. Hältst du seine Rache für angemessen?

Ich und der Mythos

Ich
dessen Herz
Prometheus gleich
täglich herausgerissen wird
und doch verdammt bin
zu leben.

Zu sehen
und immer
nur Zuschauer
zu sein
im ewigen Schauspiel
des Lebens.

Zu leben
um zu hoffen
und zu sehen
um am Ende
Tantalus gleich nie zu erhalten.

Sehend und doch
blinder als jeder
Blinde.

Hephaistos
schürt
das Feuer
in mir.

Das Leben
immer zwischen
Skylla und Charybdis.

Odysseus kannte sein Ziel.

Mein ist die Angst
die Nußschale könnte
fallen über den Rand
der Welt.

Keine Göttin,
die mich
auffängt.

Matthias Bauernfeind

---

1 (a) Welche mythischen Gestalten werden genannt? – (b) Wofür stehen diese Gestalten?

2 Das Gedicht ist offenbar ein sehr persönliches. Was könnte der Autor mit den einzelnen Mythen zum Ausdruck bringen wollen?

Projektideen, die sich auf die gesamte Unterrichtseinheit beziehen

1. »Galerie der Götter«

Arbeitsauftrag:
In allen Mythen spielen die Götter eine große Rolle. Notiere während der gesamten Unterrichtsreihe die Götter, von denen die Rede ist, und kläre jeweils

- ihren griechischen und römischen Namen,
- ihr »Tätigkeitsfeld«,
- ihre typischen Attribute.

Präsentiere die Ergebnisse deinen Mitschülern.

Sozialformen:	Einzel-, Partner- (oder Gruppenarbeit)
Mögliche Produkte:	Wandzeitung, Bilderausstellung, Web-Site
Orte der Präsentation:	Klassensaal, Schulhaus, Internet

2. »Mythen in Bildern«

Arbeitsauftrag:
Fertige zu jedem im Unterricht behandelten Mythos ein oder mehrere Bilder/Zeichnungen an. Stelle dabei die Schlüsselszene(n) des jeweiligen Mythos dar.

Sozialformen:	Planung durch gesamten Klassenverband bzw. (größere) Gruppe von Schülern; Anfertigung der Bilder in Einzelarbeit
Mögliches Produkt:	Bildergalerie
Ort der Präsentation:	Schulhaus

3. »Mythen im Alltag«

Arbeitsauftrag:
Oft begegnen uns im Alltag Themen oder auch Gestalten aus antiken Mythen. Sammle hierzu z.B.

- Zeitungsausschnitte,
- Werbeslogans,
- Redewendungen,
- Titel und Inhaltsangaben von Filmen
- usw.

Präsentiere die Funde deinen Mitschülern.

Sozialformen:	Einzel-, Partner- oder Gruppenarbeit
Mögliches Produkt:	Collage
Ort der Präsentation:	Klassensaal

Projektideen, die sich auf einzelne Mythen bzw. einen Themenbereich beziehen:

1. »Comic, Video u. Co.«

Arbeitsauftrag:
Fertige zu einem Mythos bzw. einem ganzen Mythenkomplex (wie z.B. »Odysseus«) einen Comic oder einen Videofilm an.

Sozialformen:	Einzel-, Partner- oder Gruppenarbeit
Mögliches Produkt:	Comic; Videofilm
Ort der Präsentation:	Klassensaal; Schulfest; Präsentationstag einer Projektwoche

2. »Mythos und kein Ende«

Arbeitsauftrag:
Wähle einen im Unterricht behandelten Mythos aus und verfolge sein Fortwirken in Literatur, Musik und Kunst.

Sozialformen:	Einzel-, Partner- oder Gruppenarbeit
Mögliches Produkt:	Dokumentation (gebundenes Heft, Web-Site)
Ort der Präsentation:	Klasse/Kurs, Internet

3. »Mythen einmal anders«

Arbeitsauftrag:
Wähle einen im Unterricht behandelten Mythos aus und transferiere ihn in die heutige Zeit. Passe Sprache, aber auch einzelne inhaltliche Aspekte so an, dass aktuelle Bezüge durchscheinen.

Sozialformen:	Partner- oder Gruppenarbeit
Mögliches Produkt:	Drehbuch für ein Theaterstück; Zeitungsartikel; parodistische Erzählung
Ort der Präsentation:	Klasse/Kurs, Schulgemeinschaft

4. »Der lange Weg«

Arbeitsauftrag:
Fertige ein großes Wandbild an, das die Irrfahrten des Odysseus wiedergibt. Gestalte zu jeder Station eine typische Szene.

Sozialformen:	Einzel-, Partner- oder Gruppenarbeit
Mögliches Produkt:	Wandbild
Ort der Präsentation:	Klassensaal, Schulhaus

5. »Odysseus, der Listenreiche«

Arbeitsauftrag:
Belege dieses Attribut anhand der Texte, die im Themenkreis »20 lange Jahre: Odysseus in der Fremde« angeboten werden.

Sozialformen:	Einzel- oder Partnerarbeit
Mögliches Produkt:	Aufsatz, Vortrag
Ort der Präsentation:	Klasse/Kurs, Internet

Lernwortschatz

A

abripere, iō, ripuī, abreptum	wegreißen
adeō	so sehr
admittere, mīsī, missum	zulassen, hinzuziehen
anteā	vorher, früher
antepōnere, posuī, positum	voranstellen, vorziehen
appōnere, posuī, positum	hinsetzen
aquila	Adler
arātrum	Pflug
arbitrārī	glauben
arbor, oris *f.*	Baum
ārdēre, ārsī	brennen
ariēs, etis *m.*	Widder
arx, arcis *f.*	Burg
āter, ātra, ātrum	schwarz
attingere, attigī, attāctum	erreichen
augur, uris *m.*	Augur, Vogelschauer
aureus	golden
auris, is *f.*	Ohr
avus	Großvater

B

bōs, bovis *m./f.*	Rind
bracchium	Arm

C

calamitās, ātis *f.*	Unglück, Schaden
candidus	strahlend weiß
canis, is *m./f.*	Hund
cantus, ūs *m.*	Gesang
catēna	Kette, Fessel
cavēre, cāvī, cautum	sich hüten
cēra	Wachs
cingere, cinxī, cinctum	gürten, umgeben
cinis, cineris *m.*	Asche
circum + *Akk.*	um … herum
concidere, cidī	stürzen
conicere, iō, iēcī, iectum	zusammenwerfen
cōnsūmere, sūmpsī, sūmptum	verzehren
convertere, convertī, conversum	umwenden, verwandeln
cubāre, cubuī, cubitum	liegen, ruhen
cupīdō, inis *f.*	Begierde, Gier
currus, ūs *m.*	Wagen
cūstōs, ōdis *m.*	Wächter

D

dēcipere, iō, cēpī, ceptum	täuschen
dēicere, dēiciō, dēiēcī, dēiectum	hinabwerfen
dēpōnere, pōnō, posuī, positum	ablegen
dēprecārī	um Gnade bitten
dētrahere, trāxī, tractum	herabziehen
dīligere, dīlēxī, dīlēctum	lieben
dōnum	Geschenk

E

edere, ēdī, ēsum	essen
ēgredī, ēgredior, ēgressus sum	hinausgehen
eō	dorthin
epulārī	essen, verspeisen
excipere, iō, cēpī, exceptum	(her)ausnehmen
exitus, ūs *m.*	Ausgang
exsistere, exstitī	entstehen

F

fātum	Schicksal, Götterspruch
ferreus	eisern
ferus	wild
figūra	Gestalt
filia	Tochter
flēre, flēvī, flētum	weinen

forās	nach draußen	mōlēs, is *f.*	Masse, Block
frōns, frontis *f.*	Stirn	morārī	sich aufhalten
		morī, morior, mortuus sum	sterben
G		muliebris, e	von einer Frau
grātiā + *Gen.*	wegen	mulier, eris *f.*	Frau
H			
hospes, itis *m.*	Gast, Fremder	**N**	
hospitium	Gastfreundschaft	naufragium	Schiffbruch
		nefārius	frevelhaft
I		neglegere, lēxī, lēctum	vernachlässigen, unbeachtet lassen
imber, imbris *m.*	Regen	nūdus	nackt
incidere, cidī	sich ereignen		
inclūdere, clūsī, clūsum	einschließen	**O**	
indicium	Verrat	ob + *Akk.*	wegen
inesse, īnsum, fuī	darinnen sein	oblīvīscī, oblīvīscor, oblītus sum	vergessen
īnfāns, ntis *m./f.*	Kind	obruere, ruī, rutum	bedecken
īnferī, ōrum *m.*	Götter der Unterwelt, Unterwelt	obsistere, obstitī	sich entgegen-stellen, sich widersetzen
īnferior	der Untere	obviam	entgegen
inimīcus	feindlich	occīdere, cīdī, cīsum	töten
īnsānia	Wahnsinn	opem ferre	Hilfe bringen
īnscius	unwissend	operīre, operuī, opertum	bedecken
interficere, iō, fēcī, fectum	töten	oppōnere, opposuī, oppositum	dagegensetzen
interim	inzwischen	oppūgnāre	angreifen
introīre, introeō, introiī, introitum	hineingehen	ōrātor, ōris *m.*	Redner
item	ebenso	ostendere, ostendī, ostentum	zeigen
iungere, iūnxī, iūnctum	verbinden		
iussū	auf Befehl	**P**	
		parere, iō, peperī, partum	gebären, hervorbringen
L		paternus	väterlich
lavāre, lāvī, lautum	waschen	pendēre, pependī	hängen
līberālis, e	gütig, freigebig	perdūcere, perdūxī, perductum	hinführen
līberī, ōrum	Kinder		
lūmen, inis *n.*	Licht, Augen-licht	perferre, pertulī, perlātum	hinbringen, verschlagen
		perpetuus	beständig
M		piscis, is *m.*	Fisch
māgnitūdō, inis *f.*	Größe	pōculum	Becher
minārī	drohen	pollicērī, pollicitus sum	versprechen
mīrus	erstaunlich		
misericordia	Mitleid, Barm-herzigkeit		

potīrī, ior, potītus sum + *Abl.*	sich bemächtigen
praecipitāre	sich kopfüber hinabstürzen
praedīcere, praedīxī, praedictum	vorschreiben
prīstinus	früher, ehemalig
prīvāre + *Abl.*	berauben
prōdigium	Vorzeichen
profugere, iō, fūgī	entfliehen
proprius	eigen
pudor, ōris *m.*	Scham, Ehrgefühl

Q

quā	wo
quantum	wie viel
quantus	wie groß
quōmodo	wie, auf welche Weise

R

rāmus	Zweig
recipere, iō, cēpī, ceptum	aufnehmen
redigere, redēgī, redāctum	zurücktreiben
rēgia	Königsburg, Residenz
remedium	Heilmittel
renūntiāre	melden
repetere, repetīvī, repetītum	zurückfordern
revertī, revertor, revertī, reversus	zurückkehren
ruere, ruī, rutum	stürzen

S

sagitta	Pfeil
saxum	Fels
scelerātus	verbrecherisch
sepelīre, sepelīvī, sepultum	begraben
septem	sieben
sex	sechs
simulāre	vortäuschen
solēre, solitus sum	pflegen, gewohnt sein
soror, ōris *f.*	Schwester
speciēs, ēī *f.*	Aussehen, Gestalt
statuere, statuī, statūtum	aufstellen
stringere, strīnxī, strictum	zücken
subicere, iō, iēcī, iectum	davorwerfen
sūmere, sūmpsī, sūmptum	nehmen
super + *Akk.*	über
superbus	stolz, hochmütig
superior	der Obere

T

tantum	so viel
templum	Tempel
ter	dreimal
tot	so viele
trānsferre, tulī, lātum	hinüberbringen, verlegen
truncus	Baumstamm
tunc	da, dann

U

unde	woher, wonach
uxor, ōris *f.*	Gattin, Ehefrau

V

vātēs, is *m./f.*	Seher(in)
vēlum	Segel
vēnārī	jagen
ventus	Wind
vestis, is *f.*	Gewand
vīnum	Wein
voluntārius	freiwillig